Am .... haben meine Eltern gemerkt, dass ich auf dem Weg bin.

Schwangerschaft

9 Monate Action im Bauch von Mama

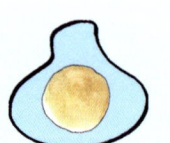

1. Monat

2. Monat 3. Monat 4. Monat 5. Monat

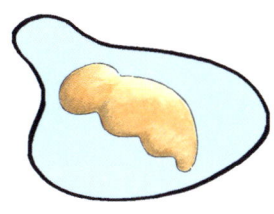 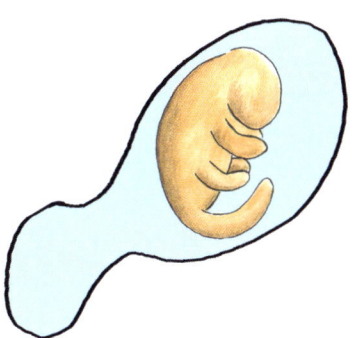 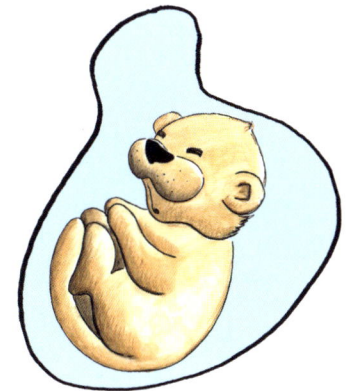 

6. Monat | 7. Monat | 8. Monat

9. Monat

Geburt

Mein Name:

So bin ich auf die Welt gekommen:

Hier bin ich auf die Welt gekommen:

Wer war bei meiner Geburt dabei:

So lange hat die Geburt gedauert: Geburtszeit:

Gewicht: Grösse:
Kopfumfang:
Mein Sternzeichen:
Diese Namen hätten meinen Eltern auch noch gefallen:

Meine ersten Stunden

Der erste Tag in meinem Leben:

Fussabdrücke

Meine Familie

ICH
IM RAMPENLICHT

Geburtskarte

Zeitungsausschnitte und Schlagzeilen am Tag meiner Geburt:

Neuigkeiten des Tages

So viiiel Besuch
Gästebuchseite

BESONDERE MOMENTE

sehen

entdecken

staunen

taufe

Am _____ wurde ich getauft

Das sind meine Paten:

So haben wir gefeiert:

Diese Menschen waren an meiner Taufe dabei:

Mein liebstes Spielzeug:

Mein liebstes Stofftier:

SPIELSACHEN & STOFFTIERE

Schlafenszeit

Das gehört zu meinem Einschlafritual:

Typisch ich:

Mein erstes Engelslachen:

Das erste bewusste Anstrahlen:

Jetzt kann ich sogar kichern:

Mein erstes Lächeln

Zum ersten Mal beim Arzt

Am:

Grund:

So habe ich reagiert:

fotos

Ich bin sooo ein süsser Fratz

Ich werde groooss!

Nach einem Monat

Gewicht _____

Grösse _____

Kopfumfang _____

Nach einer Woche

Gewicht _____

Grösse _____

Kopfumfang _____

Nach drei Monaten

Gewicht _____

Grösse _____

Kopfumfang _____

1. Haarbüschelchen

Nach sechs Monaten

Gewicht _____

Grösse _____

Kopfumfang _____

Nach einem Jahr

Gewicht _____

Grösse _____

Kopfumfang _____

Mir schmeckts!
Mein erstes Essen

am: _____

was: _____

wie viel: _____
_____

so hat es mir geschmeckt: _____
_____

Fotos von mir als „Schleckmäulchen"

DIE ERSTEN FERIEN

Wann:
Wohin:

Mit wem:

Das haben wir gemacht:

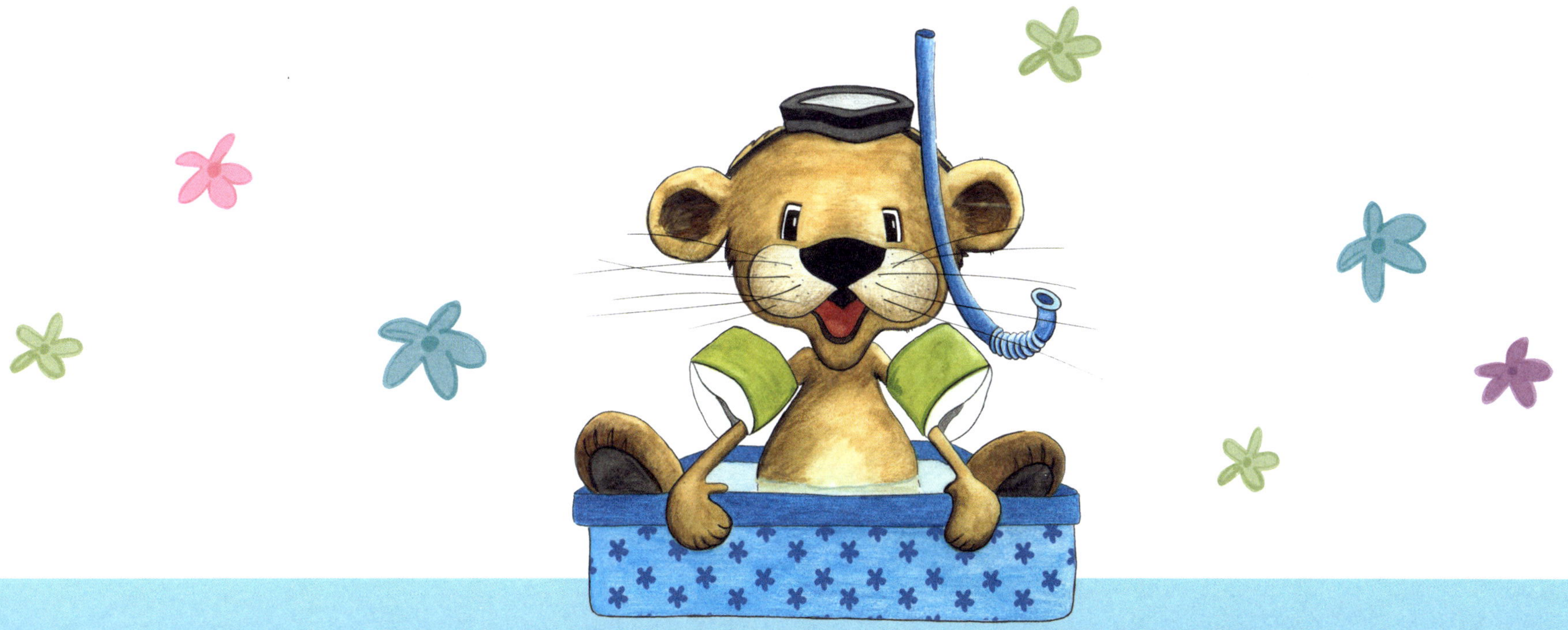

Was ich schon alles kann!

Nach einem Gegenstand greifen:

Etwas in meinen Händchen halten:

Kriechen:

Mich irgendwo aufziehen:

Die ersten Schritte:

Klettern:

Ausserdem bin ich extrem super darin:

Freihändig stehen (!!!):

Ich, einzigartig
wunderbar!!
Bilder von mir

Die ersten Zähne bekam ich...:

Meine ersten Zähne

Noch mehr
besondere Momente

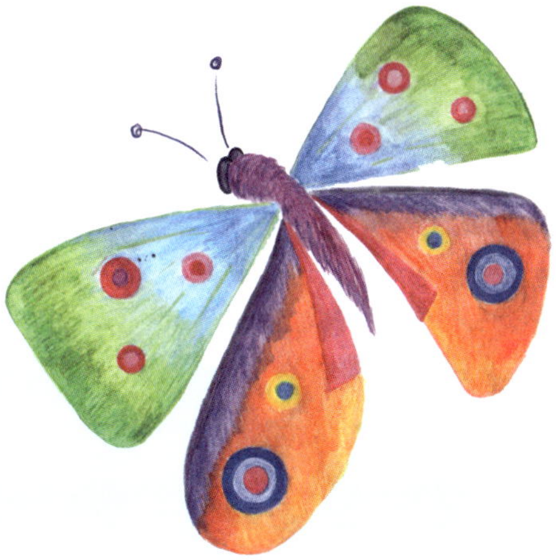

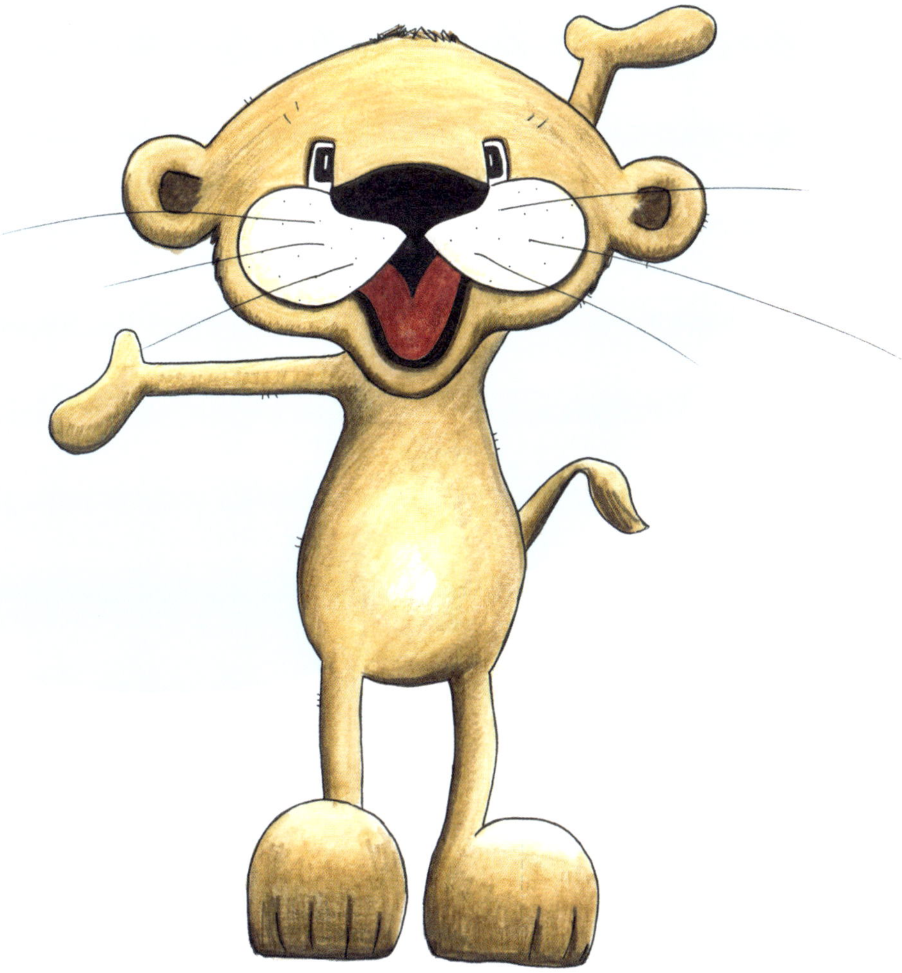

Tadaaa... Das ist mein Revier

Fotos

Gäste:

So feierten wir meinen Geburtstag:

Happy Birthday
Mein 1. Geburtstag

Ich kann sprechen !

Mein erstes Wort:

Ich habe es gesagt am:

Meine ersten zusammenhängenden Wörter:

Mein erster Satz:

Wörter die ich falsch ausgesprochen habe:

Witzige Sprüche, kleine Weisheiten und allerlei Lustiges das ich sagte:

Das erste K~~un~~stwerk von mir!

Mein erstes Kunstwerk entstand am:

So habe ich es gemacht:

Ich fühlte mich:

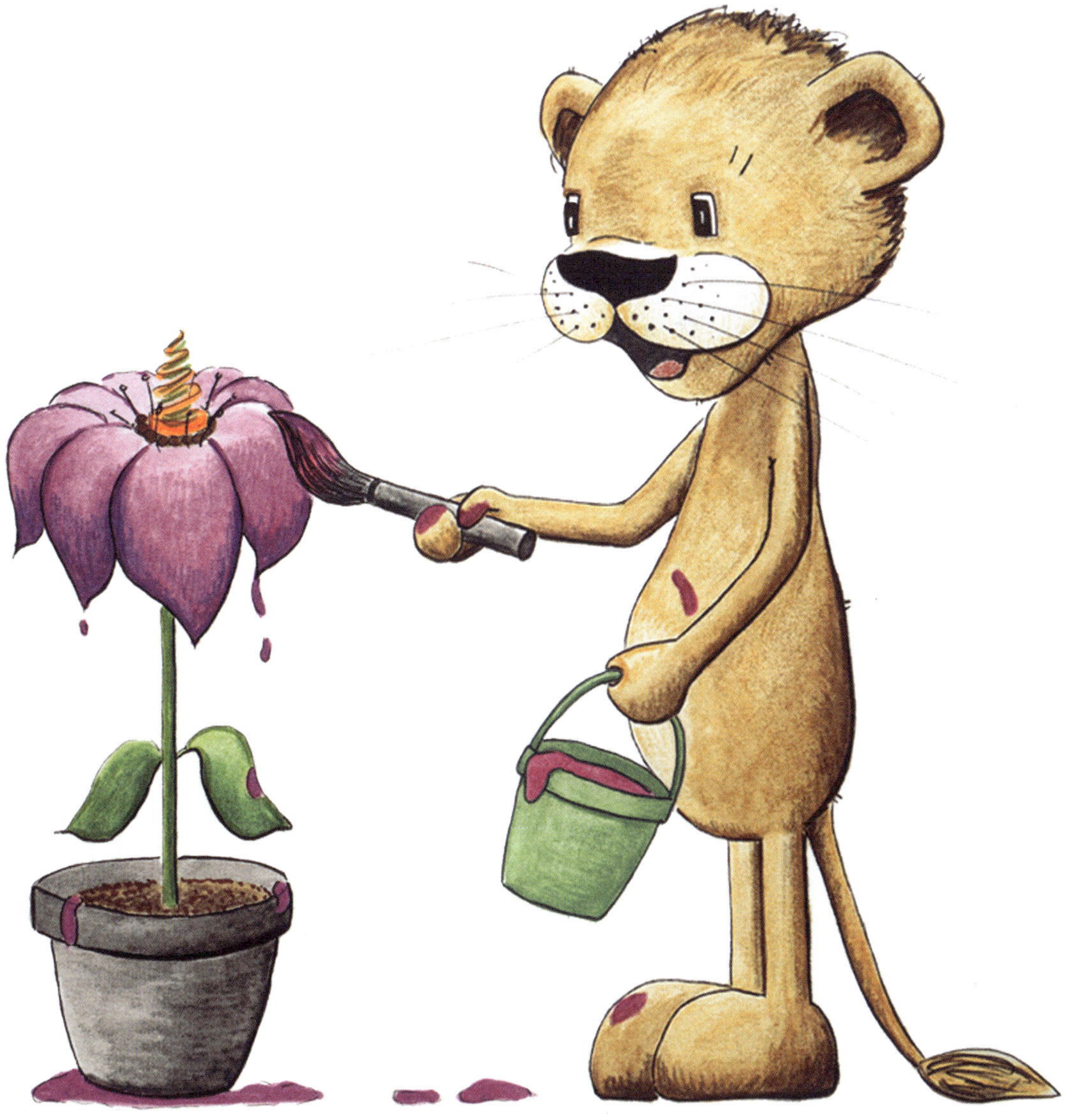

Starportraits
vom
King of WC / Häfi !!

Ich habe mich zum ersten Mal auf das WC gesetzt am:

Der erste Tag ohne Windel:

Die erste Nacht ohne Windel:

seit   habe ich nie mehr eine Windel gebraucht. Judihuiii

Jetzt brauch ich keine Windel mehr

UND JETZT NOCH EIN PAAR

Geschichten von mir

Lustige und weniger lustige Geschichten von mir:

Das war der
Anfang meines Lebens

Ich habe vieles erlebt und
gelernt und bin dabei schon
ziemlich gross geworden!

Jetzt freue ich mich auf die nächsten *Abenteuer* !!

ISBN 978-3-033-07802-4
Neuauflage „Der Anfang meines Lebens" 2020
Text, Gestaltung & Illustration: Petra Jenni- Furrer
Urheberrecht & Copyright: Petra Jenni - Furrer
Bestellungen unter: info@lioverlag.ch

Printed in Germany

www.lioverlag.ch